PROCÈS

DE RENÉE DE FRANCE

DAME DE MONTARGIS.

1858

PROCÈS

DE RENÉE DE FRANCE

Dame de Montargis,

CONTRE CHARLES IX,

PAR M. LE Bon DE GIRARDOT.

Renée de France, fille puinée de Louis XII et d'Anne de Bretagne, duchesse de Ferrare et de Chartres, comtesse de Gisors, dame de Montargis, née à Blois en 1510, avait été accordée le 23 avril 1515 à Charles d'Autriche, depuis Charles Quint, avec une dot de 600,000 écus d'or, pour compensation de ses droits successifs des côtés paternel et maternel. Le mariage n'eut pas lieu, et Renée, après avoir été demandée par Henri VIII, roi d'Angleterre, devint, le 19 février 1527, la femme d'Hercule, duc de Ferrare. Dans son contrat de mariage du 19 février 1527, il était écrit :

« In favorem hujus matrimonii et pro omnibus juribus, actionibus, petitionibus quas ipsa domina Renata habebat et habere poterat in omnibus bonis mobilibus et immobilibus et qua illi pertinebant qualibet de causa et quocumque tempore predictis ejus patri et matri spectaverant dominus Cardinalis Senonensis regis Cancellarius nomine procuratorio regis illi spondebat et promittebat, etc. Ici était spécifiée une dot de 250,000 écus. En cas de non paiement, les terres de Chartres, Gisors et Montargis devaient servir de nantissement.

» Predicta Renata mediante promissa dote renunciavit transtulit, cessit et dereliquit in favorem commodum et utilitatem regis christianissimi omnia et singula jura, actiones, petitiones et querellas quas habebat, habuerat vel habere poterat in bonis universis mobilibus et immobilibus juribus et actionibus quœ fuerunt pertinuerant, et spectaverunt predictis patri et matri ipsius. »

Pendant les règnes de François Ier et de Henri II, Renée paraît s'en être tenue aux stipulations de son contrat; mais, sous le règne de Charles IX, étant encore à Ferrare, elle conçut la pensée de le faire annuler, comme un acte de spoliation; elle écrivit souvent à la reine-mère, au chancelier, à M. de Morvilliers, au connétable, de l'aider à rentrer dans ses biens. Après la mort de son mari, arrivée en 1559, elle commence à agir à son retour en France, c'est-à-dire dès 1560. Mais la reine, les membres du conseil privé, le connétable, le chancelier, s'excusaient sur la jeunesse du Roi. Elle ne put jamais obtenir une réponse ni même se faire donner acte de la présentation de ses remontrances. Le 4 août 1768, Catherine de Médicis répondait, par écrit, à ses instances, qu'elle avait tant fait que les gens du Roy avaient donné leur advis, mais qu'il estait impossible de plus avancer les choses jusques à ce que le Roy fut en meilleure disposition.

Le 29 août de la même année, le Roi lui répondit enfin « que » l'advis de son conseil était qu'elle avait été raisonnablement » dotée, qu'elle n'avait occasion de se plaindre, ni lui moyen » de lui bailler davantage, la priant de se contenter. »

A cette époque, la duchesse offrait de renoncer à ses prétentions, moyennant une rente annuelle de 30,000 livres.

Enfin, le 6 septembre, elle remit au Roi une requête pour

représenter que si l'état du royaume ne permettait pas de faire droit à ses réclamations, au moins on lui en donnât acte pour éviter le reproche de négligence. Ce qui lui fut accordé, le conseil privé entendu.

Le 27 août 1569, la duchesse de Nemours, sa fille, obtint une commission pour donner ajournement devant le Parlement aux détenteurs « *de certaines terres qui lui auraient* été données *par aulcuns de ses parents.* » Elle fit signifier, par huissier, au procureur général, conseiller du conseil privé « qu'il eût à se désister et départir de la moitié des duchés, comtés, terres et seigneuries provenant des successions du roi Louis XII et de la reine Anne de Bretagne. »

C'est alors qu'intervint, le 23 avril 1570, une transaction entre Renée et sa fille, Anne d'Est, femme de Jacques de Savoie, duc de Genevois et de Nemours, comte de Genève et marquis de Sorlin, d'une part, et, d'autre part, le Roi, assisté de la reine-mère, des ducs d'Anjou et d'Alençon, ses frères, du duc de Lorraine, son beau-frère, du cardinal de Guise, du duc d'Uzès, des sieurs de Morvilliers et de Lansac, évêque de Limoges, de Carnavalet, de Foix, du Faur et autres de son conseil, assemblés, à cet effet, à Villers-Cotterets, et, après l'audition de ses avocats, par cette transaction, le Roi concédait des avantages considérables à la duchesse de Ferrare; il dégageait les terres de Chartres et de Montargis de certaines charges qui leur étaient imposées; il l'exonérait de toutes les dettes et charges de la succession de Louis XII et d'Anne de Bretagne, et enfin lui accordait, par un autre acte, une somme de 200,000 écus comme dédommagement de ce que ses prédécesseurs avaient touché des revenus de cette succession depuis son ouverture.

Au mois de février 1571, les duchesses présentèrent leur requête en entérinement des lettres-patentes contenant la transaction; mais les habitants de Montargis prétendirent que leurs priviléges ne permettaient pas au Roi de les mettre hors de sa main, et le procureur général déclara s'opposer pour le Roi. Un arrêt du 17 février lui prescrivait de spécifier ses moyens d'empêchement et de les donner par écrit. C'est ce factum et celui de la duchesse de Ferrare que nous avons retrouvés dans les archives de la ville de Montargis, et dont nous donnons ici l'analyse.

Dans son factum, le procureur général prend la qualité suivante : Le procureur général du Roy, deffendeur en empeschement contre l'entherinement en vériffìcacion de certaines lettres-patentes en forme de transaction du XXIIIe jour de décembre M. V. LXX, contre dame Renée de France, duchesse de Ferrare, et dame Anne d'Est, sa fille, femme et épouse de messire Jacques de Savoye, duc de Genevois et de Nemours.

Dans ses productions d'inventaire, l'avocat des duchesses déclare regarder « le contrat de l'an 1527 comme nul d'infinies » nullités; que la lézion est si grande qu'il n'est possible de » plus, pour les droits que les demanderesses avaient sur les » biens ; 1° de la couronne ; 2° de la maison d'Orléans ; 3° de » la maison de Bretagne, et finallement que ce que le Roi leur a » baillé, en récompense de leurs droits, est si petit et de si peu » de valeur eu esgard ce à qu'elles quictent, qu'il n'y a com- » paraison de l'un à l'autre. »

Le procureur général donnait parmi ses motifs d'empeschement que le Roy n'avayt occasion quelconque d'entrer en cest accord et transaction ; et qu'il l'avoit faict sans aucune cause subsistante ; d'autant que madicte dame la duchesse de Ferrare n'avoyt esté héritière du feu Roy Louis douzième, son père, et de la Royne Anne, duchesse de Bretagne, mais y avoit par exprès et avec serment renoncé, au moyen de quoy elle n'estoit recepvable à vouloir prétendre part et portion en leurs biens.

L'aliénation du domaine, disait-il, ne peut se faire que pour certaines causes et pour certains cas et avec les solennités introduites, tant par les dispositions du droit que par les ordonnances, la crainte d'un procès non encore commencé et dont l'issue ne pouvait être douteuse, n'était pas, à ses yeux, une cause suffisante pour aliéner le domaine, que des ordonnances royales protégeaient dans l'intérêt public contre les affections particulières des souverains. Le Roi ne pouvait pas non plus transiger, ce qui était aliéner, surtout quand on lui abandonnait, dans la transaction, des droits imaginaires. Il objectait, en outre, que la duchesse de Nemours n'avait pas qualité pour transiger sur des droits prétendus par elle, à l'exclusion de ses frères qui ne figuraient pas au procès (1).

La duchesse de Ferrare énumérait 80 ou 83 terres à la propriété desquelles elle soutenait avoir des droits. Le procureur général n'admettait pas qu'elle pût en avoir sur plus de 2 ou 3.

Il opposait une fin de non recevoir fondée sur la renonciation consentie dans le contrat de mariage; sur le silence de la duchesse pendant plus de 40 ans; sur ce qu'elle n'avait fait aucune opposition à l'incorporation du duché de Bretagne à la couronne; bien qu'elle ne pût prétendre l'avoir ignorée et qu'elle eût pour son conseil les gens les plus considérés et les plus dévoués à ses intérêts; sur ce qu'elle ne pouvait alléguer son état de minorité, ayant ratifié depuis, dans une foule d'occasions, tous les actes qu'elle avait faits en 1534 pour obtenir le « supplément » et parachèvement de son assignat; » sur les démarches faites pour obtenir l'abandon d'un excédant de revenu des terres à elle attribuées; sur les libéralités qu'elle et son fils avaient acceptées des rois Henri, François et Charles.

---

(1) Les enfants de Renée furent : 1° Anne d'Est, mariée successivement à François, duc de Guise, et à Jacques de Savoie, duc de Nemours; 2° Alfonse, duc de Ferrare; 3° Lucrèce, femme du dernier duc de Spolète.

Et, ajoute le procureur général :

« Estant chose publicque, notoire et manifeste que nos Roys » de France déferent tout à la justice et s'y soubmetent ; que le » moindre de leurs subjets peult aussy aysément agir et avoir » justice contre eulx que contre le moindre gentilhomme de ce » royaulme, à plus forte raison lesdictes dames demanderesses » pour estre sy prochaines parentes des feus Roys l'eussent peu » avoir, ou, pour le moings, faire un simple adjournement au » procureur général au temps et lieu, si elles eussent estimé » avoir quelques droits en ce qu'elles prétendent, comme elles » ont bien sceu faire depuis, mais trop tard et mal à propos et » quand ladicte dame n'eust osé agir du règne du feu Roy Fran- » çois Ier, néanmoings ny du règne du Roy Henry, du Roy » François dernier, ny durant les premiers ans du feu Roy » Charles, que feu monsieur de Guise, mary de ladicte dame, » duchesse de Nemours, tenoit avec très grand et juste raison » les premiers lieux et de grandeur et de faveur, n'en fut » jamais parlé ni présenté requête par lesdictes dames, telle- » ment que de faire poursuite de sy grands droits lorsque les » premiers officiers de la Couronne, qui sçavaient comme toutes » choses sont passées, sont déceddés, ny a apparance. »

La loi salique, disait-il encore, avait toujours été interprétée en ce sens, que non-seulement, en France, une fille ne peut succéder à la Couronne ni au domaine du Roi, mais qu'elle ne peut rien demander par droit successif en tous les biens du Roi, encore qu'ils fussent adventifs et que le Roi ou son successur est seulement tenu de doter une fille de France, en argent, selon la grandeur, amplitude et dignité de la maison de France, même quand elle est mariée à un prince étranger, que cela était devenu une coutume tellement observée que jamais fille de France, mariée à un prince étranger, n'avait eu en dot un pouce de terre. Qu'un prince étranger ne pouvait transmettre par droit successif à ses héritiers non régnicoles, bien que naturalisé, un héritage acheté par lui en France.

« Il s'en suivait que les filles de France mariées avec princes étrangers ne devaient et ne pouvaient estre dotées en héritage, mais seulement en deniers, et que, encore que nature ne faille pour procréer une fille, sy est-ce que une fille de France a assez de quoy se louer et se contenter de se voir extraite de si grande et illustre maison, d'estre tant honorée par tout le monde, de se voir, par mariage et alliance, ordinairement Royne ou princesse de tant de peuples, sans vouloir succéder aux biens de France, qui doibvent estre conservés pour le bien, soustenement et appuy de l'estat public, qui sont les nerfs de la monarchie.

» S'il est ainsy que nostre France ait été si curieuse de la conservation des maisons des simples gentilshommes que les coutumes excluent de l'hérédité de ses père et mère, frères et sœurs, une fille dotée et appanée, encore qu'elle n'eust eu qu'un chappeau de rozes, devons-nous trouver estrange, pour conserver la maison de France, qui est la première, la plus grande et la plus ancienne du monde, qui est la défense, l'appuy et le soustenement de tant de grandes maisons et subjets, l'on aye receu, par la loy salicque, que les filles ne puissent succéder et soient contraintes de se contenter de leur dot en deniers.

» Si toutes les filles de France qui ont été mariées depuis le commencement de cette monarchie eussent eu le droit de succéder aux biens adventifs et de les porter à leurs maris, et, par droits successifs, les laisser à leurs enfants, princes étrangers, en combien de parts et à combien de princes serait ce royaume; et, s'il eust-été possible en l'ordre de nature, de le conserver sy longtemps en son individuité, moyen et clause principalle de sa grandeur et de sa splendeur. »

Et cela était si bien reconnu, que la procuration donnée par

Renée au président de Selve, de l'avis de son conseil et du conseil du duc de Ferrare, son futur époux, pour traiter de son mariage, ne portait pas pouvoir de demander partage, reddition de compte ou délivrance de sa part des biens adventifs, ou pour demander des terres en propriétés, mais seulement pouvoir de supplier le Roi de lui donner telle dot qu'il lui plairait sur les biens adventifs, reconnaissant ne pouvoir les posséder en propre ni être dotée sur le domaine de la Couronne. Et elle ne pourrait prétendre qu'on eùt agi par ignorance, car un de ses conseils était Aluaris, auteur du traité des fiefs et d'un traité de la loy salique.

La duchesse répondait que, par son contrat de 1527, elle n'avait jamais renoncé à la succession de ses père et mère, mais qu'on l'avait fait se contenter de la somme de 250,000 écus pour tous biens et droits qu'elle pouvait prétendre, soit à cause desdites successions ou autrement en quelque sorte et manière, ce qui n'était pas renoncer à la succession de ses père et mère, mais bien vendre et céder ses droits héréditaires; qu'en tout cas, le contrat eût-il porté cette renonciation, elle était nulle, parce qu'elle n'avait alors que 17 ans, et était incapable de disposer, en qualité de mineure.

Le contrat lui-même était nul, disait-elle, car on lui faisait stipuler des abandons en faveur du Roi François Ier, son tuteur et protecteur, comme protecteur de tous les mineurs, spécialement en l'absence de tout autre tuteur ou curateur, comme son plus proche parent ou du moins allié, ce qui lui interdisait de faire avec elle, sa pupille, dont il administrait la personne et les biens, un contrat lucratif et avantageux pour lui, comme l'était son contrat de mariage, contenant renonciation, etc.

A l'appui de ce moyen, l'avocat des duchesses citait l'autorité de François Ier lui-même. Ainsi, on lit dans l'art. 131 de son ordonnance de 1539 : « Toutes dispositions d'entre vifs ou testamentaires faites par les donateurs ou testateurs, au profit de leurs tuteurs, curateurs, ballistiers et autres, leurs administrateurs, sont nulles et de nul effet et valleurs. »

La duchesse disait que le Roy y était plus obligé qu'un autre, que les procurateurs qui avaient stipulé en son nom étaient des principaux serviteurs du Roy et premiers de son conseil, l'un son chancelier et l'autre son premier président au Parlement de Paris, « sur quoy on peult penser comme son droict luy estoit » gardé auprès de celluy de ladicte dame, non que lesdictes » dames duchesses demanderesses veuillent ny entendent en rien » taxer leur mémoire, mais il s'est peu faire que voyant, par eulx, » que l'on marioit ladicte dame, duchesse de Ferrare es pays » loingtain et n'estimant poinct que sa postérité deust retourner » en France et y faire de sy mémorables services comme elle a » desjà faict et que l'on espeire qu'elle fera à l'advenir, ils ne » pensoient pas offencer leur conscience de bailler le moing » qu'ils pouvoient à ladicte dame pour le porter avec un prince » estranger; que s'ils eussent pensé que la postérité de ladicte » dame deust revenir en France et y faire ce qu'elle a desjà faict, » ils n'eussent pas ainsi contracté à son préjudice. »

A cet article, le procureur général répondait par l'éloge de François Ier, le père, le tuteur de ses sujets et des mineurs, qui avait toujours les bras tendus pour rendre la justice à tous, et qui n'eût pu, sans honte, abuser de son pouvoir pour dépouiller sa belle-sœur; que les insinuations dirigées contre les fondés de procuration étaient impertinentes et mal séantes de la part du conseil des demanderesses; qu'il eût dû respecter ces hommes vertueux qui avaient stipulé pour elle de façon qu'elle avait grande occasion d'être contente.

D'autres moyens de la nullité prétendue se tiraient de ce que les biens meubles et immeubles d'une mineure ne pouvaient être abandonnés par elle ou son tuteur sans autorité de justice, ce qui avait été négligé et devait l'être, répondait le procureur général, puisque toute cette affaire s'était traitée en conseil privé du Roi, en la présence de François Ier, qui était prince si bon, juste et équitable, que cela excluait toute exception de dol.

Le conseil des princesses arguait encore de ce qu'il n'avait été dressé aucun inventaire de ces biens; qu'on n'avait pas présenté de compte ni fait raison quelconque de 13 années de revenus, échues depuis le décès du Roi, son père, comme si, répondait-on, on pouvait astreindre les Rois à faire des inventaires des biens de la Couronne et du domaine;

De ce qu'on n'avait pas pris l'avis des parents, ce qui était exigé par le droit écrit et par la coutume de Bretagne, en l'assise du comte Geoffroy, en un livre intitulé : l'*Advis et Consultation sur le partage des meubles de Bretaigne.*

L'avocat des duchesses repoussait la fin de non recevoir tirée de la prescription en vertu des ordonnances de Louis XII, de l'an 1512, et de François Ier, de 1539, en disant que la première ne s'appliquait qu'aux majeurs, attendu qu'en fixant un délai de dix ans pour révision des contrats, à peine de ne plus être recevable, elle ne parlait pas des mineurs; que celle de 1539 fixait bien le même terme de dix années pour les mineurs, mais que Renée l'avait ignoré; que, mariée mineure, au loin, par le Roi, elle n'avait pu connaître cette prescription; qu'en tout cas, elle n'eût pu venir en France demander son droit successif, étant en puissance de mari, soit à Ferrare, conformément au droit écrit qui y était observé, soit en France, conformément à la coutume, et qu'elle ne pouvait se faire autoriser par justice, son mari étant souverain.

Que, du reste, elle avait pu ignorer ses droits, puisque le Roi ne lui avait jamais communiqué ni les testaments de ses parents ni aucuns titres, lettres ou enseignements; qu'en vain, prétendrait-on qu'il n'était tenu d'exhiber des titres contre lui, que la Cour délègue des conseillers pour les vérifier dans la chambre des chartes ou dans celle des comptes; que, pour les biens venus des maisons d'Orléans et de Bretagne, il n'était qu'un cohéritier ordinaire, et aurait dû communiquer tous les titres de la succession; que c'était par sa faute que la duchesse avait ignoré ses droits, qu'on ne pouvait donc lui objecter la prescription.

Cette ignorance de ses prétendus droits n'était pas admissible, répondait le procureur général, car elle avait toujours pour conseillers les plus grands personnages du Royaume, dont la vigilance suppléait bien à son absence.

En ce qui concerne le duché de Bretagne et le comté de Nantes, la duchesse de Ferrare mettait en avant que la coutume de ces provinces n'admettait pas la prescription entre frères et sœurs; elle ajoutait, que connaissant la nullité du contrat, les gens du conseil du Roi avaient expressément stipulé qu'il devrait être ratifié à la majorité de la princesse, ce qui n'avait jamais été fait; qu'ainsi ces nullités n'avaient pas été couvertes; qu'elle n'avait donné procuration que pour abandonner ses droits contre une dot arbitrée par le Roi, son beau-frère, c'est-à-dire une dot équivalente à ce qu'elle cédait, et non pas celle qu'on avait acceptée en son nom; qu'ainsi, les fondés de pouvoir avaient dépassé les limites de leur procuration.

Le procureur général disait qu'il n'y avait jamais communauté entre le Roi et la Reine; mais la duchesse objectait que cela n'était écrit nulle part; que les Rois s'étaient toujours soumis à la loi civile; que leur domicile était Paris; que la coutume de Paris était pour la communauté; qu'enfin le contrat de mariage de Louis XII avec Anne de Bretagne réservait à la Reine, en cas de survivance, la jouissance des biens meubles de leur communauté; que si cependant on voulait nier qu'elle eût existé, la seconde fille de la Reine devait avoir, pour le moins, la moitié des meubles de la maison de Bretagne « lesquels estoient grands et » inestimables, et dont il y a encore à présent des bagues » et joyaulx des plus précieulx qui soient en France, ayant la » marque de la maison de Bretagne. »

Pareille réserve avait été faite dans le contrat de mariage d'Anne avec Charles VIII. Il y était stipulé « que la Reine aurait » préciput et ferait siens au cas qu'elle survécût, tous » et chacun ses biens meubles quelconques, soit joyaux de » grand prix, de tant grand prix qu'ils pourraient estre, lesquels » elle aurait au temps du trespas dudit sieur, soit que lesdits biens » soient avecques sa personne, et pour le service d'elle, soit pour » l'entretenement de sa maison, lesquels le Roi veut estre et » appartenir perpétuellement à ladicte dame et aux siens, à » toujours. »

Quant aux meubles de Louis XII, la duchesse Renée en pretendait la moitié, ne les croyant compris ni dans la loi salique, ni dans l'ordonnance de Charles V, sur les dots des filles de Franee. « En tout cas ne peut-on desnier que l'espargne de de- » niers que un Roy peult faire, disait-elle, pendant qu'il est au » Royaulme, ne doibve demourer à ses enfants, supposé qu'ils » ne soyent appelés au Royaume : aultrement, un Roy de France » n'ayant que des filles non appelées à la Couronne, seroit de » pire condicion que le père estranger d'Allemaigne, n'ayant » moyen de rien espargner à ses enfants; veu mesmes que, au » cas qui s'offre, le feu Roy Louis XII et la Reine Anne, sa » femme, auroyent apporté tous les meubles de la maison de » Bretagne, et que d'ailleurs, au moyen de leur patrimoine, ils » pouvoient faire de grandes acquisitions et de grandes es- » pargnes, de quoy on ne pourrait frustrer leurs héritiers. »

Le procureur général, loin d'admettre l'existence de ces épargnes, annonçait que Louis XII avait engagé une partie du domaine de la Couronne et vendu des charges de judicature pour se faire des ressources. Renée contestait que l'administration réputée si sage d'Anne et de Louis XII, le père du peuple, eût pu produire d'aussi déplorables résultats financiers.

Le procureur général alléguait une ordonnance de Charles V, fixant la dot des filles de la Couronne, pour la première, à cent mille francs; pour les puinées, à soixante mille. Renée répondait qu'en ce temps le Roi avait trois frères apanagés, un oncle, duc d'Orléans, et ne possédait pas la Provence, l'Auvergne, le Bourbonnais, le Forets, la Bretagne; que cent mille francs d'alors en valaient quatre cent mille du temps actuel. Elle prouvait, du reste, que cette prétendue ordonnance n'avait pas été suivie dans les traités de mariage de la Reine d'Ecosse, de la duchesse de Savoie, de la Reine d'Espagne, de la duchesse de Lorraine.

Pour montrer quels biens pouvaient composer la fortune de la maison d'Orléans, Renée produisait le contrat de mariage de Louis d'Orléans, alors duc de Touraine, son bisaïeul, avec Valentine de Milan, en date du 26 janvier 1386. Jean Galeas donnait à sa fille la ville d'Ast avec ses appartenances et dépendances, toutes les autres terres, villes et châteaux qu'il tenait et possédait dans le pays de Piémont, valant, le tout, trente mille ducats de revenu annuel, et pour dot 450,000 florins-ducats d'or. Il promit sa succession entière, s'il mourait sans enfants mâles, « et envoya icelle Valentine, sa fille, bien en ordre garnie de bagues et joyaulx, comme à son estat pouvait appartenir. » Enfin, il donna à Valentine le comté de Vertus, reçu par lui en échange du comté de Sommyères, dot de Madame Isabeau de France.

Quant au duché de Milan, le procureur général répondait que ce duché avait appartenu à François Ier par la mort de Louis

XII, sans que la Reine Claude elle-même y pût prétendre, parce que, depuis qu'il avait été gouverné par les vicomtes, c'était une coutume spéciale que les filles n'y avaient jamais succédé, tant qu'il y avait un mâle de la race, soit en ligne directe, soit en ligne collatérale, et qu'ainsi, Etienne, troisième fils de Mathieu le Grand, maître de tout le duché, par la mort de ses frères, sans enfants, ayant laissé trois fils : Mathieu, Galeas et Barnabas; l'aîné, Mathieu, ayant laissé deux filles, celles-ci ne furent pas admises à partager le duché.

Depuis, la race mâle des vicomtes s'étant éteinte, le duché échut à Valentine, en vertu des stipulations expresses de son mariage avec Louis d'Orléans. Elle avait trois fils : Charles, père de Louis XII, Jean, aïeul de François Ier, le comte de Vertus mourut sans enfant. François Ier, après Louis XII, était donc seul apte à y succéder. De plus, l'exclusion de tout autre prince était stipulée par le traité de paix de Cambray, qui le donnait à Louis XII, à ses héritiers mâles, à leur défaut, à sa fille Claude et à son futur époux, et l'investiture donnée à Louis XII comprenait tout ce qui avait été annexé au duché de Milan, ce qui répondait au chef de demande relatif aux comtés de Gênes et d'Est et à Pavie.

La duchesse paraissait d'autant moins fondée dans sa demande, que le duché de Milan avait été arraché à Louis XII, lorsque sa succession s'ouvrit, et que François Ier avait dû en faire l'abandon définitif par le traité de Madrid. Et ici, le procureur général fait un long historique des guerres d'Italie, soutenues par Louis XII et par François Ier.

Le contrat de mariage de Valentine de Milan stipulait, pour elle, une dot de 450,000 florins. Renée réclamait des terres considérables, qu'elle disait avoir été achetées des deniers provenant de cette dot, par Louis d'Orléans, ainsi qu'il suit :

« 26 mars 1386, un hôtel, manoir et jardin, prés, vignes,

cour et rentes, à *Chatio*, vendu par Enguerrand de Coucy, pour 5,000 liv.

» De Jehan de Barmont, le château de Luzarches, toute la justice et sa part des appartenances, pour neuf mille livres; de Blanchet, l'autre part, et un quart de la terre de Nogent, pour 1500 écus.

» En 1391, Guy de Chastillon, seigneur d'Avesne et de Beaumont en Hainault, et sa femme, lui vendent les comtés de Bloys et Dunois, chastels de Chasteaudun, de Romorantin et autres, pour 200,000 francs d'or, dont moitié sur les deniers de Valentine.

» Le 12 octobre de la même année, Guillaume de Cran, vicomte de Chasteaudun, leur vendit cette vicomté pour 7,000 liv. Ils achètent une maison à Paris.

» Le 3 juin 1394, ils achètent de Me Philippe Busquet, fondé de pouvoirs du prince d'Orange, la terre et chastellenie de La Ferté-Milon, pour 8,000 liv. La même année, la terre, châtel et ville de La Fère, en Tardenois, de Gaucher de Castillon, pour 50,000 écus, des deniers de Valentine.

» En 1395, pour 1,900 écus, la vidamie de Châlons. Pour 900 liv., de Gérard de Maulmont, la terre de Formenteau, les halles de Bonneval et la métairie de Jonville.

» Le 29 août 1397, de Charles dé Chastillon, le chastel, ville et chastellenie de Gandelus.

» En 1399, Charles VI érigea en pairie les comtés de Bloys et de Dunois, les terres et seigneuries de Fère, en Tardenois, et de Gandelus, et celles achetées par le duc d'Orléans et Valentine, tant au duché d'Orléans, comtés de Valois et de Beaumont, qu'aux pays de Champagne, Brie et Normandie.

» Le 10 octobre 1400, Jean Chastillon, comte de Portieu, leur vendit ce comté pour 16,000 liv. La même année, dame Marie de Coucy leur vendit la chatellenie et baronnie de Coucy

avec les terres de Folembray, de Saint-Aubin, la châtellenie de Fère-sur-Oise avec les chasteau et ville de Saint-Goubin, de Chastellier, la châtellenie de Marles, d'Arcy, etc., etc., moyennant 400,000 liv.

» Le 9 novembre 1402, le marquis de Brandebourg vend le comté de Ligny, le duché de Luxembourg, que ledit marquis tenait en gage du Roi des Romains, pour 100,000 ducats.

» Le 23 mars 1404, ils achètent de Marie de Bar, fille de Henry de Bar, héritière d'Enguerrand, seigneur de Coucy et comte de Soissons, la ville et châtellenie de Ham, en Vermandois, les villes et châtellenie de Pinon et de Montarel, la terre et seigneurie de Vrigny, le vinaige de Laon et 1,800 livres de rente sur le Trésor, à Paris, et ce moyennant 30,000 écus d'or payés comptant et moyennant 200 écus d'or de rente et plusieurs autres charges.

» Le 22 mai 1404, Charles VI érigea ces acquisitions en pairie. »

Le procureur général voyait dans ces érections en pairie une arme contre les prétentions de la duchesse de Ferrare, parce qu'il y était dit que ces pairies ne passeraient qu'aux héritiers mâles.

La duchesse répondait que cela ne pouvait s'appliquer qu'au titre de pair et non aux châtellenies, terres et seigneuries. Du reste, Louis XII avait voulu, par ses lettres données à Blois au mois de décembre 1509, que sa fille Claude et ses futurs héritiers jouissent de ces terres et pairies.

En effet, au mois de décembre 1509, le Roi déclara par cet acte, publié en Parlement le 12 mars suivant, « que ne voullant » que sous couleur de certaines érections en pairie de Coucy, » Soissons, Ham, en Vermandois, Pierron, Montcornet et » Origny, faicte par le Roy Charles sixième, en faveur du duc » d'Orléans, son frère, on peust prétendre qu'à faulte d'avoir » par ledict Roy Loys douziesme des enfants masles, on peust

» attribuer les terres à la Couronne de France, qu'il ne veut que en » icelles terres et droits de pairie on ne puisse troubler sa très » chère et très aimée fille, à présent unique Claude de France. »

Le 30 juillet 1405, le Roi de Navarre vendit au duc d'Orléans la ville de Nogent.

Le Roi de Navarre ayant vendu à Charles VI la ville et châtellenie de Cherbourg pour 200,000 liv., dont il avait seulement reçu la moitié, on lui avait donné, par forme d'engagement, la ville et châtellenie de Provins; il la céda, à son tour, au duc d'Orléans.

Le duc d'Orléans avait reçu, en outre, des dons considérables de plusieurs seigneurs, ainsi de Jean, duc de Berry, son oncle, la seigneurie du Val-la-Royne.

En 1392, le Roi Charles VI lui donna la châtellenie de la Ferté-Bernard au comté du Maine et la terre de Tresfouers, à lui advenues et acquises par la confiscation et forfaiture de Pierre de Craon et Pierre de Tresfouers, convaincus de lèze-majesté par eulx commise en la personne de messire Olivier de Clisson, connétable de France.

Il lui donna, en outre, le comté d'Angoulême pour 2,365 tournois de revenu, avec faculté de le reprendre en payant pareille rente. Le tout pour parfaire 4,000 liv. de rentes promises par lui audit duc sur les produits des confiscations.

En 1399, le Roi lui donna encore les terres, villes et châtellenie confisquées sur les Archambauld père et fils, comté de Périgord, Albaroche, Bordilly, Montignac, Vern, Montepain, Venouan, Charluz, Ploissac, etc., etc.

A la mort de la duchesse d'Orléans, sa tante, il hérita de Brie, comte Robert, Laferté-Alep, Sezanne, Ecouen, Chauny, Chantemerle.

Quant au comté de Vertus, il n'était pas un bien d'apanage. Charles V, alors régent, avait donné à Galeas Visconti, le comté de Sommyères, pour la dot d'Isabeau de France, sa sœur, qu'il prenait en mariage. De retour en France, le Roi Jean lui donna en échange le comté de Vertus pour passer, à titre successif, à ses enfants, bien que ce comté fût des domaines, et nonobstant toutes les ordonnances faites pour sa conservation.

La duchesse de Ferrare disait que la dot stipulée pour elle n'approchait en rien de la valeur de tous ces biens, dont elle pouvait réclamer la moitié. Il n'en était pas de même des terres de l'apanage d'Orléans, sur lesquelles elle ne prétendait rien, tels que les duchés d'Orléans, de Valois, de Beaumont, les comtés de Dreux, de Chatillon, Marne, Château-Thierry, Montargis.

Le procureur général repoussait la prétention de la duchesse de Ferrare sur les biens provenant de la dot de Valentine.

Quant aux bagues et joyaux venant du duché de Milan, ceux de Valentine avaient servi à la rançon du duc Charles, pris à la bataille d'Azincourt. Louis XII avait pris Ludovic Sforze, sans ses trésors prudemment portés par lui à l'Empereur Maximilien. Quant à la Bretagne, elle n'avait rien dû apporter au trésor des Rois, après tant de guerres intestines, et celle qui se termina par la défaite de Saint-Aubin. Anne fut épousée sans joyaux et avec des dettes considérables payées par les Rois Charles VIII et Louis XII.

Bien loin d'avoir laissé cinq millions d'or, Louis XII avait été obligé d'engager des terres considérables, comme Corbeilles, Melun et Dourdan, pour 80,000 écus, à l'amiral Graville; le domaine de Normandie pour 700,000 liv.

En tout cas, si la duchesse de Ferrare prétendait succéder aux bagues et deniers, elle devait aussi concourir au paiement des dettes, ce qui les eut réduit singulièrement, car il eût fallu faire entrer en ligne de compte les dettes de Louis, comme duc d'Orléans, celles d'Anne, comme duchesse de Bretagne, dont

620,000 écus au Roi d'Angleterre payés des deniers de la Couronne de France, et 150 écus environ réclamés par le Roi de Navarre, et tout ce qui avait été dépensé pour la conquête et la conservation éphémère du duché de Milan, c'est-à-dire des sommes immenses levées au moyen d'impôts onéreux sur le peuple de France.

Quant à l'apanage d'Orléans, le procureur général justifiait, par pièces authentiques, que Louis XII, à son décès, ne possédait, à cause du domaine privé de la maison d'Orléans, que le comté de Bloys, Coucy et Soissons, et il prétendait que ces terres avaient été unies à la Couronne.

Et quant à toutes les autres terres et seigneuries mentionnées à l'inventaire des demanderesses, il disait qu'elles étaient du domaine de France, ou aliénées par les ducs d'Orléans, ou occupées par d'autres seigneurs, sans que Louis XII en ait jamais joui.

Louis d'Orléans, frère de Charles VI, avait trois fils et une fille : 1° Charles, père de Louis XII; 2° Philippe, mort sans enfants; 3° Jean, aïeul de François Ier; 4° Marguerite, mariée à Richard de Bretagne, comte d'Estampes, auteur de François II, duc de Bretagne; de Catherine, princesse d'Orange.

Quant aux comtés d'Angoulême, de Périgord, de Dreux, la Forte-Maison-lez-Chartres, le château de Brie-comte-Robert, Saint-Sauveur, et généralement toutes les terres que Louis, duc d'Orléans, avait en Normandie, son testament les donnait à Jean, comte d'Angoulême, aïeul de François Ier.

Partie de ces terres avait été donnée par le duc Charles à Marguerite, sa sœur, lors de son mariage, et aliénée depuis.

Plusieurs autres étaient alors données ou vendues : Le comté de Vertus, au sieur d'Avaugour, Châteaudun, Dunois, La Ferté, etc., etc., à Jean, bâtard d'Orléans; la vidamie de Chalon, à Jean de Péronnes; la principauté de Porcian, au prince de Croy ; d'autres, à Jean de Luxembourg. Un grand nombre de ces biens avaient été aliénés par Charles d'Orléans, pour payer sa rançon.

Du reste, pour le procureur général, les lettres-patentes de Charles VI, données sur la demande de Louis lui-même, avaient donné le caractère d'apanage à toutes ces acquisitions. Ce qui eût empêché la duchesse de Ferrare d'y rien prétendre, puisque Louis XII étant le dernier duc d'Orléans, le tout avait dû faire retour au domaine de la Couronne. Au surplus, ajoutait-il, la dot de Valentine de Milan n'avait été payée qu'en partie et n'avait pu servir à son mari pour payer tant d'acquisitions faites bien plutôt des deniers provenant des finances du Royaume, d'autant qu'il en avait reçu l'administration par ordre du Roi Charles VI, pendant sa maladie.

La duchesse de Ferrare s'engageait, par la transaction attaquée, à n'exercer aucun recours contre les détenteurs actuels des biens provenant des familles d'Orléans et de Bretagne. A l'objection du procureur général que le préciput prélevé par la Reine Claude, sœur aînée de la duchesse, il ne devait plus rester à celle-ci que peu de chose, elle répondait que les coutumes qui régissaient ces différentes terres n'admettaient pas de droit d'aînesse entre sœurs, mais partage égal (1).

Pour prouver son droit au duché de Bretagne, Renée citait l'art. 1er du contrat de mariage de Louis XII avec Anne « que » ains que le nom de la principaulté de Bretagne ne soit et » ne demeure aboly pour le temps advenir et que le peuple

---

(1) Art. 12 du titre I de la féodalité, de la coutume de Paris ; 163, de Meaux ; 58, de Vitry ; 6, de Chartres, au titre des fiefs ; 25, d'Orléans, même titre ; 145, de Blois, au titre des successions ; 59, de Valois, même titre ; 12, chap. 2, 3e partie de Laon.

» d'icelle soit secouru et soulagé de ses nécessités et affaires, » le second enfant du Roi ou, s'il n'en avait qu'un, le second de ses petits-enfants devait avoir le duché de Bretagne, pour en jouyr et user comme ont accoustumé faire les ducs ses prédécesseurs.

Elle démontrait que la Bretagne n'avait pas été unie à la France par le premier mariage d'Anne avec Charles VIII; qu'en vain lui objecterait-on que les filles ne pouvaient hériter du duché, et elle citait en sa faveur l'arrêt donné par Philippe de Valois, en son Parlement, tenu à Conflans, où étaient convoqués tous les pairs de France, le 7 septembre **1341**, qui avait adjugé le duché à Jeanne la Boiteuse; elle entrait, à ce sujet, dans une série de citations de tous les actes, causes et conséquences de la lutte immortalisée par le courage des deux Jeanne, de Duguesclin, etc.

Ensuite elle ajoute qu'on ne pourrait au moins lui contester, si on croyait que le duché ne pût être divisé, son droit à succéder au comté de Nantes, toujours distinct du duché, et à un grand nombre de terres et de châtellenies non unies au duché, dont elle ne pouvait donner l'état, n'ayant pas communication des chartriers de la chambre des comptes. Notamment la terre de Montfort-Lamaury, entrée dans sa famille comme dot de Yolande, fille du duc de Narbonne et comte de Toulouse; les coutumes ancienne et nouvelle de ce comté n'admettant pas de droit d'aînesse entre filles; « au moyen de quoy la moitié dudit comté » et de la forêt de Montfort appartenant à la dame duchesse de » Ferrare. » Elle refusait d'y trouver une compensation dans la forêt de Montargis, qu'on lui donnait, et qui ne valait pas le quart des coupes exécutées dans la forêt de Montfort depuis la mort de Louis XII.

Quant au droit prétendu par les duchesses sur la Bretagne, disait leur adversaire, il n'était fondé que sur une copie du mariage d'Anne avec Louis XII, copie sans caractère authentique, et qui ne pouvait invalider la réunion à la Couronne de ce grand fief, opérée par la cession de tous leurs droits faite par Nicolle et Jehan de La Brosse, son mari, derniers représentants de Charles de Bloys, en faveur de Louis XI, confirmée par Nicolle, devenue veuve, en faveur de Charles VIII, renouvelée, d'un autre côté, par le prince d'Orange, héritier de la maison de Montfort.

François II, père d'Anne de Bretagne, voulant contester la valadité des prétentions du Roi, fut battu à Saint-Aubin; le mémoire contient l'analyse de tous les traités et transactions intervenus entre Anne, héritière de son père, et Charles, jusqu'à leur contrat de mariage, par lequel Anne abandonnait à son royal époux et à tous ses successeurs, les Rois de France, les droits qu'elle pouvait prétendre sur le duché de Bretagne et le comté de Nantes, et recevait du Roi pareil abandon en cas qu'elle lui survécût sans enfants, mais sous la condition expresse de ne se remarier qu'avec le Roi de France, de manière à assurer la réunion de la Bretagne à la Couronne.

Ce fait que François Ier, dans les actes relatifs à la Bretagne, ne prenait que la qualité de Roi de France, agissant comme père et légitime administrateur des biens du Dauphin, duc du pays de Bretagne, ce fait ne prouvait, au dire du procureur général, que le désir de se concilier les Bretons, restés très jaloux d'avoir un prince particulier.

Les chroniques en mains, le procureur général prouvait que, même sans tenir compte d'aucun des actes de cession, traités, contrats de mariage, etc., Renée, fille cadette de la Reine Anne, était exclue de tout droit de succession au duché de Bretagne par la coutume constante de ce fief, qui, resté plusieurs fois sans héritier mâle, avait toujours été attribué exclusivement à l'aînée des filles et à ses héritiers.

Toute cette discussion s'appliquait au comté de Nantes, à

celui de Montfort, déjà uni à la Couronne par Charles V ; le comté d'Etampes était de l'ancien apanage des fils de France, et avait fait retour à la Couronne par la mort du dernier possesseur mâle, François II, père de la Reine Anne.

A la vérité, Louis XII avait donné à la Reine Anne le duché d'Etampes, pour elle et ses enfants, et la seconde fille de la Reine réclamait pour elle la moitié de ce duché. On lui objectait encore le retour à la Couronne effectué à défaut d'héritier mâle.

Au dire que les dettes des deux maisons de Bretagne et d'Orléans absorbaient presque toute la valeur des meubles laissés par les père et mère de la demanderesse, celle-ci répondait en réclamant les fruits de tous les biens énumérés ci-dessus, de 1514, date de la mort de son père, à 1527, époque de son mariage. De cette époque jusqu'à celle du procès, 44 années, pendant lesquelles elle n'avait reçu que 25,000 livres de rente annuelle au lieu de plus de 400,000 auxquelles elle prétendait avoir droit. Le procureur général avait donc tort, suivant elle, de dire qu'en 1515 ce n'était pas la représentation exacte de ses droits qu'on avait voulu donner dans son contrat projeté avec Charles d'Autriche, en lui stipulant une dot de 600,000 francs, mais qu'on faisait alors un sacrifice considérable à la paix et au bien des peuples. (Plus tard, dans une négociation de mariage avec le fils aîné du duc de Brunswick, on avait stipulé une dot bien moindre.)

Renée disait, au contraire, qu'en 1515 on avait reconnu une valeur de 600,000 écus aux prétentions qu'elle pouvait avoir, parce que la mort de son père était encore récente, qu'il n'y avait aucune crainte de guerre qui pût porter à faire des sacrifices en vue de ce mariage, que seulement le comte de Nassau étant venu comme ambassadeur de Charles d'Autriche pour faire les foy et hommages des comtés de Flandres et autres terres tenues de la Couronne de France, pour plus grande sûreté d'amitié, il fut traité de ce mariage; que plus tard, lorsque l'invasion du royaume de Navarre et la querelle du royaume de Naples donnèrent des craintes de guerre, l'archiduc promit, à titre d'accommodement, une pension de 150,000 ducats d'or, bien loin qu'on lui fît des concessions.

Renée ajoutait qu'elle n'avait jamais reçu sa dot, mais seulement les intérêts, qu'on ne lui avait donné ni bagues, ni meubles.

Par son contrat, on lui devait donner dix mille écus de revenu en titre de duché, sans réserver pour le Roi autre chose que le ressort féodal, et on lui avait donné en tout trois terres, Chartres, Gisors et Montargis, en Beauce, en Normandie et en Gatinais, toutes trois distantes entre elles de plus de vingt lieues, de la moindre desquelles ayant un produit de 1168 liv. 15 sols; seulement, on lui avait fait un duché qui n'était auparavant ni baronnie ni comté.

Elle trouvait excessive l'évaluation qu'on avait faite de ces terres, sans tenir compte des charges tant ordinaires qu'extraordinaires, des entretiens et réparations des châteaux de Montargis, Gisors et Chartres. Celui de Montargis seul lui avait coûté plus de 100,000 livres pour le rendre habitable. Elle disait ne retirer de cette terre que de 15 à 1,600 livres de rente, dont la moitié était le produit des châtellenies et justices, produit qu'allait enlever l'extension des justices royales. Quant à la forêt, le procureur général lui donnait une étendue de 8 à 9 mille arpents de futaie, mais la duchesse répondait qu'il n'y en avait pas mille arpents, plus d'orme que de chêne, le reste en taillis, bruyères, et, au milieu, un village avec vignes, terres labourables, étangs, marais (1); que, depuis vingt années, le Roi avait fait

(1) C'est la commune de Paucourt.

couper le meilleur, sans aménagement; que la forêt était dévastée par des usagers de Montargis, d'Amilly, de Ferrières et de Bois-le-Roy, et d'au moins douze villages et maisons de marque, sans compter tous les villages voisins, sans droits; qu'enfin les religieux de Ferrières et les habitants de Bois-le-Roy prétendaient à la propriété de plus de 1,200 arpents.

Le procureur général réfutait avec détails cette dépréciation de la terre de Montargis en ces termes :

« Est chose certaine que la terre de Montargis vaut à elle seule plus de 12,000 livres de rente, et ne fut baillée à la duchesse que pour 1,600 livres, sans y comprendre la provision des officiers ordinaires et extraordinaires, auxquels ladite dame a toujours nommé et pourveu, qui valent grandes sommes de deniers, parce qu'il y a bailly, prévost et leurs lieutenants, advocats et procureur du Roy, trois esleus contrôleurs anciens et alternatifs, greffier de ladite élection, deux grenetiers et deux contrôleurs anciens et alternatifs, procureur du Roi, maître des eaux et forêts, gruer, vingt-quatre sergents de l'ordinaire, en ce compris quatre sergents fieffés, et huit des eaux et forêts et ung du magasin.

« Elle possédait cette seigneurie avec les forêts, leurs appartenances et dépendances tout ainsy que le tout se poursuit et comporte, tant en villes, châteaulx que forteresses, maisons, manoirs, fermes, grands bois, bois-taillis, garennes, eaux et forêts, rivières, estangs, pescheries, cens, rentes, terrages, fours, moulins et pressoirs bannaux, droits de halles, marchés, boucheries, dixmes, champarts, lods et ventes, arrière-bans, saisines, rachats, retraits, successions de basture, bien vacant, forfaiture, restitution de bois, terres vaines et vagues tenues sans seigneurs, péages, coutume, passages, tiers-danger, droits de patronage, collocation et présentation de bénéfices, provisions d'offices ordinaires, usages, franchises, libertés, confiscations, fors et excepté en cas de lèze-majesté et autres droits, profits, revenus et émoluments quelconques. »

Un bail de 1568, de la terre et seigneurie de Montargis, était passé au prix de 5,100 livres, sans y comprendre la moitié des profits et rachats d'un nombre considérable de fiefs et d'arrière-fiefs, dont un, le comté de Saint-Fargeau, avait rapporté pour cet objet de 15 à 20,000 livres; les aubaines, confiscations, biens vacants et amendes et d'un produit de 2,000 livres; la seigneurie de Cepoy, d'un revenu de 5 à 600 livres.

Le bail ne comprenait pas non plus la paisson et glandée de la forêt de Montargis, évaluée de 12 à 1,500 livres, et qui en avait rapporté jusqu'à 3,600.

Les chablis vendus en 1570, 39,970 livres 12 sous 6 deniers.

L'avocat des duchesses représentait la forêt de Montargis comme toute dévastée. « Cette forêt, disait le procureur général, » une des plus belles, grandes, et la mieux plantée que forêts » de ce royaume, là où il y avait plus grand nombre de grands » et beaux arbres, desquels il ne se trouvait de semblables ailleurs, avait, en effet, souffert de grands dommages, mais par » les dons que le Roi avait faits à la duchesse et à son fils, le » duc de Ferrare, et par les dévastations des gens du château.

» L'étendue de la forêt, à cette époque, était de 10,417 ar- » pents à 20 pieds pour corde, et 100 cordes pour arpent, sui- « vant la mesure de Montargis, sans y comprendre le bois des » Noues, de 405 arpents, et le village et terre de Paucourt. La » coupe de l'arpent était évaluée à 160 livres. Pour le total, « 1,666,720, sans le fonds, évalué 30 francs l'arpent, faisant » un total de 1,979,230. »

Le procès ne fut pas jugé, mais la transaction ne fut pas homologuée, et Renée resta dame de Montargis.

Nantes, Imprimerie de Mme v^e^ Camille Mellinet.

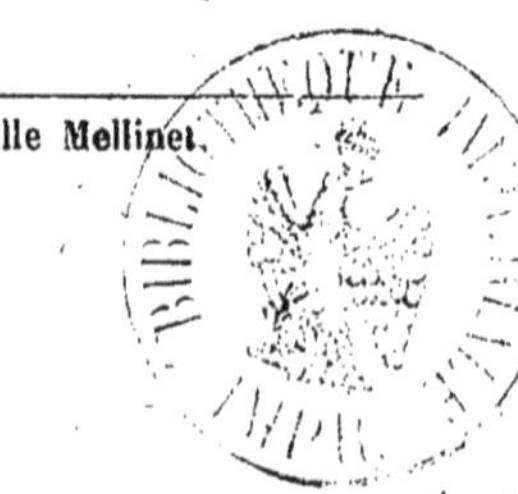

www.ingramcontent.com/pod-product-compliance
Ingram Content Group UK Ltd.
Pitfield, Milton Keynes, MK11 3LW, UK
UKHW020445220726
13923UKWH00005B/2336